BEI GRIN MACHT SICH IHR WISSEN BEZAHLT

- Wir veröffentlichen Ihre Hausarbeit, Bachelor- und Masterarbeit

- Ihr eigenes eBook und Buch - weltweit in allen wichtigen Shops

- Verdienen Sie an jedem Verkauf

Jetzt bei www.GRIN.com hochladen und kostenlos publizieren

Bibliografische Information der Deutschen Nationalbibliothek:

Die Deutsche Bibliothek verzeichnet diese Publikation in der Deutschen National-
bibliografie; detaillierte bibliografische Daten sind im Internet über http://dnb.d-
nb.de/ abrufbar.

Impressum:

Copyright © 2016 GRIN Verlag
Druck und Bindung: Books on Demand GmbH, Norderstedt Germany
ISBN: 9783346043634

Dieses Buch bei GRIN:

https://www.grin.com/document/502613

Anonym

Verkaufsmanagement in einem Fitnessstudio

GRIN Verlag

Deutsche Hochschule für
Prävention und Gesundheitsmanagement

Einsendeaufgabe

Fachmodul: Verkaufsmanagement

Studiengang: Bachelor Fitnessökonomie

Studienort: **Köln**

Semester: **SS 2016**

Inhaltsverzeichnis

Die nachfolgende Tabelle gibt einen Überblick über die Daten meines Ausbildungsbetriebes.

Tab 1.: Wichtige Daten meines Ausbildungsbetriebes

Name der Anlage und Standort (Stadt/ Gemeinde)	XXX
	Klassifizierung/ Einordnung
Anlagenstruktur:	Gemischtes Studio (für Männer und Frauen)
Größe der Anlage:	Ca. 1000 Quadratmeter
Preisstruktur der Anlage	Zwischen 30,00€ und 80,00€ monatlich
Beschreibung der Kernleistungen:	Verkauf von Mitgliedschaften

1 Verkaufsmanagement

1.1 Verkaufsorganisation

Der Verkauf von Mitgliedschaften ist die Kernleistung in der XXX. Dieser Prozess ist strukturiert von der Begrüßung bis hin zum Vertragsabschluss. 15 Minuten vor dem Termin hält sich der Mitarbeiter im Thekenbereich des Studios auf, um den Interessenten direkt zu begrüßen. In der Phase der Kontaktaufnahme trifft dieser ein, wird mit einem Händedruck und durch Vorstellung der eigenen Person begrüßt. Der Neukunde wird auf ein Wasser oder einen Kaffee eingeladen. Der Berater nimmt den Kunden mit ins Büro, der Mitarbeiter hinter der Theke bringt das Getränk hinterher. Der Berater sitzt mit dem Interessenten vor der Verkaufssoftware. Anfänglich wird gefragt, was den Interessenten zu uns führt. Zeitgleich wird die Verkaufssoftware gestartet worin der Neukunde einen Fragebogen selbstständig ausfüllt. Hierbei geht es um Fragen, seit wann überlegt wird, sich im Fitnessstudio anzumelden und welche Ziele verfolgt werden. Im nächsten Schritt der Bedarfsanalyse wird der Fragebogen besprochen. Der Interessent hat die Möglichkeit, gezielt festzulegen welche Körperzonen verändert werden sollen. Beispielsweise wird ein Kreuz bei dem Kästchen „Bauch" gesetzt. Der Berater hat hier die Aufgabe, Emotionen zu wecken und gezielt zu fragen, was genau störend an der Körperzone ist und warum genau diese Region ausgewählt worden ist. Der Kunde soll sich zurück erinnern, wann genau der Gedanke aufgetreten ist, dass diese Körperregion sich verändern muss. Im nächsten Schritt wird gefragt, wo der Kunde sich in 5 Jahren sieht, wenn genauso weitergelebt wird wie bisher. Um eventuell kommende

Einwände zu vermeiden, werden in der Einwandvorbehandlung Fragen gestellt, was der Partner von einer Mitgliedschaft hält oder wieviel in die Gesundheit investiert werden kann. Nach diesem Teil erfolgt die Angebotspräsentation und somit die Erklärung des Startpaketes und die Nebenkosten werden in diesem Zusammenhang erläutert. Nickt der Interessent diesen Schritt ab geht es weiter zur individuellen Zusammenstellung der Mitgliedschaft. In dieser Phase der Preispräsentation der Mitgliedschaft hat hier der Interessent die Möglichkeit, sich seinen Vertrag individuell zusammenzustellen. Die Grundmitgliedschaft beinhaltet das Benutzen der Trainingsfläche und eine Getränkeflatrate. Weitere Leistungen können auf Wunsch zusätzlich gebucht werden. Somit wird vom Kunden selbst entschieden, wieviel Geld in die Gesundheit investiert werden kann. Im Anschluss wird der Kunde zum Vorabschluss gefragt, ob noch offene Fragen bestehen, die geklärt werden müssen. Außerdem wird gefragt, ob der Interessent mit der Auswahl zufrieden ist und sich auf die erste Einweisungsstunde freut. Nach dieser Phase werden die restlichen Daten des Kunden eingetragen. Die Mitgliedschaft wird ausgedruckt, unterzeichnet und kopiert. In der Verkaufssoftware erscheint ein neues Fenster, wo der Kunde beglückwünscht wird. In der After-Sales-Phase wird der Kunde vom Berater persönlich beglückwünscht und dem Team vorgestellt. Außerdem wird eine kotenlose Trinkflasche ausgehändigt und ein Termin für die erste Einweisungsstunde vereinbart.

1.2 Vergleich mit den 13 Phasen des Verkaufs

Nach Schlaffke und Plünnecke (2014, S. 15-37) ist der optimale Verkaufsprozess in 13 Stufen gegliedert. Beim Verkauf einer Mitgliedschaft finden sich in meinem Ausbildungsbetrieb einzelne Phasen wieder. Die 13 Phasen des Verkaufs beginnen mit der Vorbereitung. Hierbei geht es um die organisatorische und die mentale Vorbereitung. In der organisatorischen Vorbereitung informiert sich der Berater um alle vorhandenen Informationen des Interessenten und kontrolliert, aus Sicht des Kunden, die Räumlichkeiten. In der mentalen Vorbereitung steckt der Berater private Probleme zurück und legt den Fokus auf die Verkaufssituation. In der XXX ist der Zeitrahmen eines Verkaufsgespräches für 1 Stunde angesetzt. In der Regel werden aber nur 30-45 Minuten benötigt. Im Vergleich zum optimalen Verkaufsprozess werden die Räumlichkeiten vorher nicht geprüft. In der 2. Phase, nach Schlaffke und Plünnecke (2014, S. 16-17), betritt der Kunde das Fitnessstudio. Der Berater erwartet ihn und beginnt mit der eigenen Vorstellung und was seine Aufgabe ist. Der Interessent hat die Wahl zwischen einem Heiß- oder Kaltgetränk. Hier besteht die Möglichkeit, das vielfältige Angebot bereits bekannt zu machen. Die Möglichkeit besteht, sich beispielsweise zwischen einem Kaffee oder Latte Macchiato zu entscheiden. In diesem Schritt wird bereits mit Alternativfragen gearbeitet, damit der Kunde mit dieser Fragetechnik bereits bekannt gemacht wird. In meinem Ausbildungsbetrieb ist diese Phase gleichzusetzen. Der Berater setzt sich mit dem Interessenten ins Büro. Hier beginnt im optimalen Verkaufsprozess der Aufbau einer persönlichen Beziehung. In der XXX wird diese Phase kurz gehalten und die Verkaufssoftware direkt gestartet. Der Redeanteil ist möglichst so aufgeteilt, dass der Berater 30% und der Interessent 70% erzählt. Der Berater ist dazu da, Interesse an dem Kunden zu zeigen und viele offene Fragen zu stellen. Dadurch werden viele Informationen gesammelt und eine Beziehungsebene wird aufgebaut. Damit das Interesse an dem Kunden ersichtlich wird, schreibt der Berater nach Rücksprache wichtige Punkte mit. Dies gibt dem Kunden das Gefühl, dass sichtliches Interesse besteht. Die Körpersprache des Beraters ist an dieser Stelle sehr entscheidend für den weiteren Verlauf. Beispielsweise signalisieren weit geöffnete Augen Interesse an dem Gesprächspartner. Die Bedarfsanalyse, die vierte Phase der 13 Stufen, sollen Emotionen des Interessenten geweckt werden. Bei Fragestellungen den Kunden mit Namen anzusprechen führt dazu, dass in der Person tiefe Emotionen aktiviert werden. Bestmöglich gelingt dies über die sogenannte SPIN-Methode. SPIN ist die Abkürzung für S= Situation, P= Problem, I= Implikation und N= Nützlichkeit. Mit Situationsfragen gibt der Kunde Informationen über seine aktuelle Situation bekannt. Die Problemfragen zeigen beispielsweise mögliche Schwierigkeiten und Probleme des Interessenten auf. Sind diese Probleme benannt, wird von dem Verkäufer durch Implikationsfragen weiter auf die Probleme eingegangen. Hierbei ist Ziel, einen ausdrücklichen Bedarf herauszubilden. In der SPIN-Methode wird durch die Nützlichkeitsfragen zum Ziel gesetzt, den Kunden zur Problemlösung hinzuführen. In der XXX werden die Probleme des Kunden im Fragebogen ausgefüllt und anschließend gemeinsam durchgegangen. Identisch wie in meinem Ausbildungsbetrieb ist die nächste Phase der 13 Stufen, die Einwandvorbehandlung. Es werden gezielte Fragen gestellt, damit der Kunde am Ende des Verkaufsgespräches keine Einwände vorbringt. Somit sind mögliche Einwände entkräftet, bevor sie überhaupt benannt werden. Nach Schlaffke und Plünnecke (2014, S. 29-31) wird in der fünften Phase die Angebotspräsentation durchgeführt um einen optimalen Verkaufsprozess zu erreichen. Die Dienstleistung wird beschrieben, die Vorteile und der Nutzen für den Kunden werden aufgezeigt. Hierbei wird das Augenmerk auf die richtige Formulierung gelegt. Zum Beispiel sind negative Schlagworte wie Kosten, nicht schlecht, Problem zu ersetzen durch positiv formulierte Fragen wie Investition, hervorragend, Anliegen. Die Bestätigungsphase, wobei der Kunde deutlich macht, ob das Angebot seinen Vorstellungen entspricht, wird mit Suggestivfragen eingeleitet. In meinem Ausbildungsbetrieb werden die Phasen 6 und 7 ausgelassen, da die Verkaufssoftware direkt zum Startpaket übergeht und die Nebenkosten erklärt werden. In der 7. Phase wird der Entschluss für Fitness- und Gesundheitsangebote herbeigeführt. Ziel ist es, dass der Interessent zustimmt, dass Fitness das Richtige für ihn ist. Im optimalen Verkaufsprozess ist der 8. Schritt die Preispräsentation für die Mitgliedschaft. In meinem Ausbildungsbetrieb erfolgt die Preispräsentation direkt nach dem Erläutern des Startpakets. Hier ist identisch, dass der Preis für die Mitgliedschaft nicht isoliert präsentiert, sondern der Nutzen für den Kunden mit aufgezeigt wird. An dieser Stelle kann von Seiten des Kunden nach einem Preisnachlass gefragt werden. Dies ist in der XXX möglich, indem das Startpaket bis auf 50% gesenkt, oder eine Zusatzleistung dazu geschenkt wird. In dem optimalen Verkaufsprozess nach Schlaffke und Plünnecke (2014, S. 34) kommt an dieser Stelle in Phase 9 das „Ja" für die Mitgliedschaft und im Anschluss, in Phase 10, die Präsentation des Startpaketes. In Phase 9 muss der Kunde für sich erkennen, dass eine Mitgliedschaft für sich selbst ideal ist. Bei uns wird erst beim individuellen Zusammenstellen der Zusatzleistungen nach dem „Ja" gefragt. Bei der 10. Phase wird das Startpaket als Einstieg benötigt, um gewissenhaft seine Ziele zu erreichen. An dieser Stelle unterscheidet sich der optimale Verkaufsprozess zu dem meines Ausbildungsbetriebes. Das Startpaket und die aufgezeigten Nutzen dessen werden vor der eigentlichen Mitgliedschaft präsentiert. Die Verkaufssoftware gibt dies nicht anders her, denn erst nachdem die Erläuterung des Startpaketes abschlossen ist geht es zum nächsten Schritt über. Übereinstimmend ist bei uns der Vorabschluss mit den 13 Phasen des Verkaufs. Der Vorabschluss, die 11. Phase, dient dazu, eine Ablehnung des Kunden zu vermeiden. Durch Wahrnehmen der Kaufsignale, des Interessenten, kann die Kaufbereitschaft bereits beobachtet werden. In drei Schritten ist der Vorabschluss strukturiert. Die Übereinstimmung wird aufgezählt, offene Fragen werden geklärt und eine fortschrittsorientierte Vereinbarung wird getroffen. Dem Kunden wird das Gefühl gegeben, als habe er bereits abgeschlossen. Wir fragen den Kunden an dieser Stelle nach einem Wunschtermin für die erste Einweisungsstunde. Nennt dieser einen Termin, ist die Mitgliedschaft so gut wie erfolgreich beendet. Im weiteren Verlauf kommt es nun zum eigentlichen Abschluss der Mitgliedschaft. Die Zustimmung einer Mitgliedschaft wurde bereits eingeholt. An dieser Stelle ist es wichtig, keine unvorsichtigen Fragen zu stellen und nicht die Konzentration, aus Freude, zu verlieren. Identisch mit dem optimalen Verkaufsprozess ist, dass die Mitgliedschaft bei uns von dem Verkäufer ausgefüllt wird und die wichtigsten Punkte wie Laufzeit, Preis, Nebenkosten unterstrichen und somit hervorgehoben werden. Damit es nicht zu einer Kaufreue des Kunden kommt, wird in der letzten Phase, der After-Sales-Phase, der Übergang von der Verkaufsatmosphäre in die Normalatmosphäre hergeleitet. Damit der Kunde im weiteren Verlauf nicht enttäuscht ist, oder sogar eine negative Mund-zu-Mund Propaganda vornimmt ist es wichtig, dass das Vertrauen aufrechterhalten wird. In der XXX wird zum Schluss der Kunde persönlich durch den Berater beglückwünscht. Zusätzlich gratuliert die Verkaufssoftware zur Entscheidung. Im optimalen Verkaufs-prozess wird an dieser Stelle eine Informationsmappe über den Club überreicht. In mei-nem Ausbildungsbetrieb wird ausschließlich die Mitgliedschaft in einer gesonderten Mappe an den Kunden überreicht. Prospekte oder Gutscheine sind hier nicht vorgese-hen. Als Verabschiedung wird eine Visitenkarte mit Name und Telefonnummer mitge-geben und ein Termin zum ersten Training vereinbart.

1.3 Verkaufsprozessoptimierung

Um den Verkaufsprozess in meinem Unternehmen zu optimieren, gibt es einige relevan-te Möglichkeiten. Es beginnt schon bei der Vorbereitung des Verkaufsgespräches. Statt sich vor dem Termin nur bereitzuhalten um den Kunden zu begrüßen, besteht die Mög-lichkeit, den Weg, den der Kunde von der Tür bis hin zur Theke auf sich nimmt, abzu-laufen. Hier könnte dem Kunden Dinge ins Auge fallen die sich sogar negativ auf das Verkaufsgespräch auswirken lassen. Zum Beispiel alte Plakat sind abzuhängen oder der Beratungsraum ist zu lüften. Nach der Begrüßung und der eigenen Vorstellung wird in der XXX ein Wasser oder ein Kaffee angeboten. Die Frage nach einem Heiß- oder Kaltgetränk und im weiteren Verlauf, die Auswahl zwischen einem Latte Macchiato oder einen Cappuccino geben, zeigen bereits die vielfältigen Angebote im Unternehmen auf. Um eine bessere Grundlage für den Verkauf zu schaffen muss eine persönliche Be-ziehung aufgebaut werden. Hier werden Fragen gestellt, die möglichst viele Informatio-nen über den Interessenten hergeben. Beispielsweise kann an dieser Stelle gefragt wer-den, ob es der erste Besuch im Fitnessstudio ist oder auch die Begründung des Bera-tungsgespräches. Dadurch, dass der gesamte Verkauf über die Software abgewickelt wird, baut der Berater häufig keine persönliche Beziehung zum Kunden auf, sondern lässt ihn nur den Fragebogen ausfüllen. In der Bedarfsanalyse ist verbesserungsfähig, den Kunden mit Namen anzusprechen. Zum Beispiel kann an dieser Stelle eine Frage lauten: „Was ist Ihr Hobby, Frau XY?", dies spricht die Interessentin besonders an und weck tieflegende Emotionen. Mit offene Fragen erhält der Berater viele Informationen. In meinem Ausbildungsbetrieb wird zuerst das Startpaket benannt und anschließend die Nebenkosten. Die Summe von 149€ schreckt viele Kunden anfänglich direkt ab. An dieser Stelle besteht zwar die Möglichkeit den Preis zu senken, dennoch ist es oftmals nicht leicht, anschließend zu erklären, dass die Kosten der eigentlichen Mitgliedschaft erst auf der nächsten Seite besprochen werden. Oft kommt es bereits bei der Erklärung des Startpaketes zu einem Abbruch. Laut Bänsch (2006, S.78 f. zitiert nach Schlaffke und Plünnecke, 2014, S.32) sollte die Preispräsentation möglichst weit ans Ende des Gespräches gelegt werden. Außerdem ist verbesserungsfähig, dass in der After-Sales-Phase VIP Karten ausgehändigt werden für beispielsweise Freunde oder Bekannte, die einen kostenlosen Probetag im Fitnessstudio absolvieren dürfen. Nach Abschluss hat der Berater das Vertrauen des Kunden gewonnen und es besteht die Möglichkeit Zusatzverkäufe wie eine Sporttasche oder Eiweißpulver auf diesem Weg zu verkaufen. Der Kunde ist jetzt kaufwillig. Um die weitere Zusammenarbeit zu verbessern, füllt der Kunde auf einem gesonderten Blatt aus, ob besondere Betreuungswünsche erwünscht sind oder Erkrankungen bestehen. Dieses Blatt geht mit der Mitgliedschaft in unsere Buchhaltung in eine weitere XXX. Wünsche die hier notiert worden sind, bekommt der Trainer letztendlich nie zur Sicht. Dies lässt sich ändern, indem das Blatt kopiert und zum ersten Training bereitgelegt wird. Um die Kaufreue zu vermeiden wird der Kunde zwar beglückwünscht, noch vorteilhafter ist es aber, wenn er schon einigen Mitgliedern vorgestellt wird. Der Neukunde fühlt sich somit schon integriert und verliert die eventuelle Angst vor der ersten Trainingsstunde.

2   Kundenorientierung

2.1   Konzept der Selbstkonkordanz – Transformation der Modi

Nach Schlaffke und Plünnecke (2014, S. 44) spiegelt der Begriff Selbstkonkordanz das Ausmaß wider, „in dem eine Zielintention mit den persönlichen Interessen und Werten der Person übereinstimmt". Die Aufgabe liegt beim Trainer, den Kunden von dem externalen Modus bis hin zum intrinsichen Modus zu bringen. Der Kunde kommt beispielsweise ins Fitnessstudio, da die Krankenkasse, bei regelmäßigem Fitnesstraining, einen großen Teil der Mitgliedschaft übernimmt. Um den Kunden in dem jetzigen externalen Modus in den introjizierten Modus zu bringen, gibt es die Möglichkeit einen Ausgangstest zu tätigen und das Vorstellen von Mitgliedern, die es geschafft haben und ihr Ziel erreicht haben. Erkennt der Kunde das Problem, aber sucht dennoch nicht nach einer Lösung, befindet dieser sich in dem introjizierten Modus. Hier angekommen geht es um die Zielerarbeitung. Die Ziele sollten SMART sein, also spezifisch, messbar, anspruchsvoll, relevant und terminiert. Nach dieser Vorgehensweise werden realistische Ziele besprochen, die der Kunde einhalten kann. Gemeinsam wird mit dem Kunden eine Liste erstellt, um all die Vorteile aufzuzeigen die es gibt, wenn er Fitness treibt. Wird der Nutzen größer eingeschätzt als der damit verbundene Aufwand, ist der Kunde bereits in dem identifiziertem Modus angekommen. Wichtig ist in diesem Modus, dass das Mitglied mit Spaß und Freude in das Training geht. Dies ist zu erreichen, indem zum einen ein Re-Check gemacht wird, um aufzuzeigen, dass er Erfolg hat und das Training sich positiv auf die Gesundheit auswirkt. Zum anderen darf das Training nicht zu einer Routine werden, denn eine Routine wird auf Dauer langweilig. Der Trainer muss Abwechslung in die Trainingsplanung des Kunden bringen. Im nun angelangten letzten Modus, dem intrinsischen Modus, ist es Ziel, das Mitglied in dieser Stufe aufrechtzuerhalten. Erreichte Ziele werden durch Lob des Trainers in den Fokus gebracht. Neue Ziele werden entwickelt und vertieft. Damit der Kunde nicht rückfällig wird, wird die Trainingsplanung überarbeitet und regelmäßige Termine festgelegt. Ein weiterer Re-check wird zeitnah terminiert, um die Motivation aufrecht zu erhalten.

2.2 Kundenbindung

Um dem „Motivationsloch" entgegen zu wirken und somit die Abbruchsquote zu reduzieren gibt es einige Vorgehensweisen. Zuerst muss mit dem Kunden ein Termin zum Gespräch vereinbart werden um das Motivationsloch aufzuzeigen. Der Trainer muss wissen, warum und seit wann der Kunde in diesem Tief ist. Durch das Sprechen über die Problematik kann dem Kunden schon einmal bewusst werden, warum die anfängliche Motivation nicht mehr vorhanden ist. Der Kunde bekommt das Gefühl, dass er nicht alleine gelassen wird. Die alten Ziele werden analysiert und auf die Realisierbarkeit geprüft. An dieser Stelle wird ein Ausgangstest gemacht um den aktuellen Leistungsstand des Kunden festzuhalten. Wichtig ist, gerade in den nächsten Wochen, regelmäßige Termine mit dem Kunden zu vereinbaren, damit dieser die Regelmäßigkeit des Trainings nicht verliert. Zunächst wird ein Hauptziel gesetzt und mehrere Teilziele, um die Motivation wieder zu gewinnen und anschließend zu halten. Bei der Trainingsplangestaltung bringt der Trainer Abwechslung ins Training. Ist ein Teilziel festgelegt, wird zum Zeitpunkt des Erreichens des Zieles ein Re-Check terminiert. Damit auf Dauer die

Motivation beibehalten bleibt werden weiterhin regelmäßig Termine gelegt, beispielsweise ein Re-Check mit Überraschung. Spielerisch lässt sich die Motivation des Kunden
wieder steigern. In Form von einem Spiel kann der Kunde wieder Spaß an dem Training
finden. Hier kann mit kleinen Geschenken gearbeitet werden. Es gibt eine Leinwand mit
Spielfeldern. Jedes Mal wenn der Kunde zum Training kommt, darf das Fähnchen ein
Feld weitergesetzt werden. Auf bestimmten Feldern gibt es eine XXX Tasche, eine
Trinkflasche oder Eiweißpulver.

2.3 Zusatzverkäufe

In meinem Ausbildungsbetrieb gibt es reichlich Zusatzverkäufe. Getränke wie Wasser,
Apfelsaft oder Orangensaft sind in der Mitgliedschaft inklusive. An der Theke wird der
Umsatz generiert durch Kaffee, Cappuccino, Espresso und Eiweißshakes. Zu dem Stan-
dardtraining zählt die Trainingsfläche mit Cardio- und Kraftgeräten. Werden die Power-
Plates oder der Milon-Zirkel benutzt, werden diese Zusatzleistungen mit in die Mitgliedschaft integriert. Die Mitglieder, die an Kursen interessiert, sind können zum Einem den virtuellen Kursraum oder aber den „Forever fit Kurs" dazu buchen. Um mehr
Umsatz durch Zusatzverkäufe zu generieren muss das Fitnessstudio neue Angebote auf-
nehmen. Vergleichen kann man dies mit einer Tankstelle. Früher konnte man dort ausschließlich sein Auto tanken, heute aber gibt es Lebensmittel, Zeitschriften und Drogerieartikel zu kaufen. Um das Angebot in meinem Ausbildungsbetrieb auszubauen können Drogerieartikel angeboten werden. Zum Beispiel ein spezielles, kühlendes Sport-
duschgel. Zwei Sorten würden an dieser Stelle genügen. Eins für Männer und eins für
Frauen. Zu besonderen Anlässen, wie Weihnachten, kann das Produkt schön verpackt
werden, damit die Mitglieder es verschenken können. Ein weiteres Angebot kann eine
XXX Sporttasche sein. Nach jedem Vertragsabschluss kann diese Tasche vorgezeigt
und mit verkauft werden. Selten besitzen die Neukunden bei Abschluss schon eine Tasche. Gleichzeitig wird durch die Aufschrift auf der Tasche Werbung für unseren Be-
trieb gemacht. Da der elektronisch gesteuerte Milon-Zirkel pulsgesteuert arbeitet, verkaufen wir zusätzlich Pulsgurte von Polar. Hier wäre ein Anreiz nicht nur Pulsgurte,
sondern auch Fitnessuhren mit anzubieten. Dies zeigt ein vielfältiges Angebot auf und
die Mitglieder können den Leistungsstand besser überprüfen. Dies steigert außerdem
auch die Motivation im Training.

3 Teams, Motivation & Führung

3.1 Teamentwicklung

Nach Tuckmann (1965, zitiert nach Schlaffke und Plünnecke, 2014, S.124) durchläuft ein neues Team folgende Phasen: Forming, Storming, Norming, Performing. Der Teamleiter kann jeweils in jeder Phase unterstützend agieren. In der ersten Phase besteht die Möglichkeit eine Vorstellungsrunde der einzelnen Teammitglieder zu durchlaufen. Außerdem können gemeinsame Workouts absolviert werden, beispielsweise vor der Arbeit. Auf dieser spielerischen Art und Weise löst sich allmählich die angespannte Atmosphäre. In der zweiten Phase, Storming, ist es wichtig als Teamleiter, Regeln aufzustellen. Denn nur durch eine klare Struktur im Team kann sich jedes einzelne Teammitglied zurechtfinden. Da viele verschiedene Persönlichkeiten aufeinander treffen, kann es an dieser Stelle zu Konflikten kommen. Diese muss der Teamleiter wahrnehmen und besprechen. In der Phase des Normings besteht bereits das Wir-Gefühl. Damit dieses beibehalten bleibt gibt es regelmäßige Meetings wo insbesondere der Teamleiter Feedback zur Teamentwicklung gibt. Jede überstandene Phase wird rückwirkend gelobt. An dieser Stellen können, zur Aufrechterhaltung dieser Phase, Weiterbildungsmaßnahmen angeboten werden zur Kommunikation im Team oder aber auch zum Teammanagement. In der letzten Phase geht es um die Zielerreichung in einem Team. Um diese Phase aufrecht zu erhalten hat der Teamleiter eine große Aufgabe übernommen. Das Team kann jetzt als Patenschaft für neu gebildete Teams dienen. So wird der Teamgeist und die Gemeinschaft gestärkt. Neue Ziele werden entwickelt und erreichte Ziele reflektiert. Es finden regelmäßig kleine Ausflüge außerhalb der Arbeitszeit statt, um die Atmosphäre im Team zu erhalten. Dazu wird gemeinsam abgestimmt, was, wo und wann stattfinden wird. Der Teamleiter ist in allen Phasen gefordert. In der Phase Storming benötigt der Teamleiter ein gutes Fingerspitzengefühl. Denn werden hier Konflikte und Auseinandersetzungen nicht rechtzeitig erkannt, kann dies zu langfristigen Störungen im Team führen. Die Teammitglieder bringen verschiedene Persönlichkeiten mit. Kritisch wird es, wenn der Zusammenhalt in Frage gestellt wird. Der Teamleiter muss stetig alle Mitglieder neu motivieren, Konflikte lösen und das Team zum Durchhalten ermuntern. Um diese Phase erfolgreich zu bestehen werden regelmäßige Feedback-Runden durchgeführt.

3.2 Motivation

Einzelprovision in der Fitnessbranche bringt einige Vor- und Nachteile mit sich. Ob eine Einzelprovision die Motivation der Mitarbeiter beeinflusst, ist diskussionswürdig. Einerseits steigt die Motivation, wenn eine gute Arbeit belohnt wird, andererseits wird die Teamentwicklung im Unternehmen dadurch nicht gefördert. Die besten Verkäufer werden belohnt und die wenigen guten Verkäufer bleiben auf der Strecke. Dies löst längerfristig Neid unter den Mitarbeitern aus. Die Mitarbeiter sehen sich als Konkurrenten. Das werden auch die Kunden spüren. Spätestens dann, wenn ein Walk-in das Studio betritt und sich die Mitarbeiter regelrecht streiten um den Termin. Ein positiver Aspekt ist jedoch, dass das feste Gehalt monatlich aufgestockt werden kann. Die Mitarbeiter sind somit bemühter um ein Verkaufsgespräch erfolgreich, mit Abschluss, zu beenden. Für jeden einzelnen Mitarbeiter ist es ein positives Gefühl, am Gewinn des Unternehmens teilhaben zu dürfen. Fazit ist, dass Einzelprovisionen in der Fitnessbranche zwar eine gute Möglichkeit sind, die Mitarbeiter zu motivieren, aber auch ein negativer Aspekt in Bezug auf die Teamentwicklung. Als Alternative kann der Unternehmer eine Teamprovision einführen, damit das Team gestärkt wird und bemüht ist, das Unternehmensziel zu erreichen.

3.3 Führung

Bei Fallbeispiel 1 handelt es sich um den direktiven Stil. Laut Sauer (2009, S.70, zitiert nach Schlaffke und Plünnecke, 2014, S.116) ist der direktive Stil durch Gehorsam, klare Anweisungen und einer strengen Überwachung gekennzeichnet. Im Fallbeispiel wird dies deutlich, indem der Unternehmer „To-Do-Listen" für seine Mitarbeiter anfertigt und mehrmals täglich Kontrollgänge macht, um die Mitarbeiter zu überprüfen. Wird in dem direktiven Stil nicht das ausgeführt, was vom Unternehmer verlangt wird, kann es zu Problemen kommen. Im Fallbeispiel 1 werden die Mitarbeiter sanktioniert, wenn die aufgegebene Arbeit nicht erledigt ist.

Bei Fallbeispiel 2 handelt es sich um den affiliativen Stil. Laut Sauer zielt dieser Stil auf Harmonie. Ziel ist es, eine vertrauensvolle Zusammenarbeit aufzubauen, gezielt auf persönliche Wertschätzung. Im Fallbeispiel wird dies deutlich, da das Team häufig zusammensitzt und über gemeinsame Ziele gesprochen wird. Außerdem ist hier Kennzeichen für den affiliativen Stil, dass es ein eingespieltes Team ist, wo der Faktor Spaß bei der Arbeit, aber auch in der Freizeit, nicht zu kurz kommt.

4 EA Controlling

4.1 Kennzahlen im Vertrieb

Aus unternehmensinternen Gründen arbeite ich in der folgenden Aufgabe mit angenommenen Zahlen. Die Quoten lassen sich nach Vollmuth (2002, S. 30 f., zitiert nach Schlaffke und Plünnecke, 2014, S.74-75) wie folgt berechnen.

Telefonquote:

Dezember: von 12 Interessenanrufen wurden 8 Termine vereinbart

Januar: von 20 Interessenanrufen wurden 16 Termine vereinbart

Februar: von 32 Interessenanrufen wurden 28 Termine vereinbart

Fazit: 64 Anrufe und davon 52 vereinbarte Termine.

Rechnung: (52:64) x 100 = 81,25%

Die **Telefonquote** beträgt **81,25%** für die letzten 3 Monate.

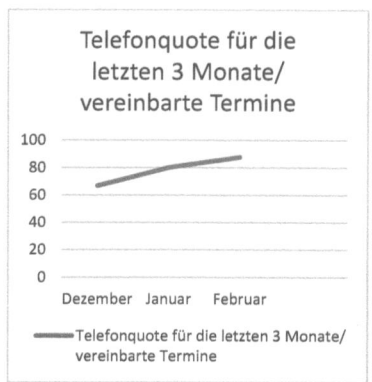

Abb.1: Grafische Darstellung der Telefonquote der letzten 3 Monate.

Rechnung für jeden einzelnen Monat in %:

Dezember: (8:12) x 100 = 66,66%

Januar: (16:20) x 100 = 80%

Februar: (28:32) x 100 = 87,5%

Termineinhaltungsquote:

Dezember: von 8 vereinbarten Terminen sind 5 erschienen

Januar: von 16 vereinbarten Terminen sind 14 erschienen

Februar: von 28 vereinbarten Terminen sind 20 erschienen

Fazit: 52 vereinbarte Termine und davon 39 zum Termin erschienen.

Rechnung: (39: 52) x 100 = 75%

Die **Termineinhaltungsquote** beträgt **75%** für die letzten 3 Monate.

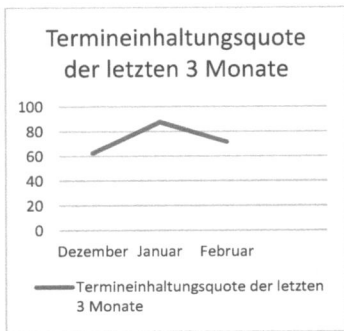

Abb.2: Grafische Darstellung über die Termineinhaltungsquote der letzten 3 Monate.

Rechnung für jeden einzelnen Monat in %:

Dezember: (5:8) x 100 = 62,5%

Januar: (14:16) x 100 = 87,5%

Februar: (20:28) x 100 = 71,42%

Abschlussquote:

Dezember: von 5 erschienen Terminen sind 3 abgeschlossen

Januar: von 14 erschienen Terminen sind 13 abgeschlossen

Februar: von 20 erschienen Terminen sind 18 abgeschlossen

Fazit: 39 erschienene Termine und davon 34 abgeschlossen Mitgliedschaften.

Rechnung: (34: 39) x 100 = 87,17%

Die **Abschlussquote** beträgt **87,17%** für die letzten 3 Monate.

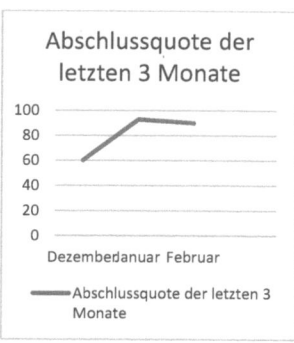

Abschlussquote der
letzten 3 Monate

100
80
60
40
20
0
Dezember Januar Februar

— Abschlussquote der letzten 3
Monate

Abb.3: Grafische Darstellung der Abschlussquote der letzten 3 Monate.

Rechnung für jeden einzelnen Monat in %:

Dezember: (3:5) x 100 = 60%

Januar: (13:14) x 100 = 92,85%

Februar: (18:20) x 100 = 90%

Schlussfolgernd zeigt sich, dass die Telefonquote sich in den letzten 3 Monaten positiv weiter entwickelt hat. Dies ist darauf zurückzuführen, dass zu Beginn des Jahres eine Telefonschulung von allen Mitarbeitern absolviert wurde. Dass die vereinbarten Termine im Dezember nur eine Quote von 62,5% erreicht, lässt darauf schließen, dass viele im Weihnachtsstress waren. Trotz voriger Terminbestätigungsanrufe sind nur 5 von den 8 vereinbarten Terminen erschienen. Im Februar ist die Telefonquote mit 87,5%, im Hinblick der letzten 3 Monate, am höchsten. Dies zeigt, dass eine Flyer-Aktion mit momentanen Angeboten bei einigen Interesse geweckt hat. Im Januar ist die Termineinhaltungsquote mit 87,5% sehr hoch. In der Regel ist der Januar ein sehr starker Monat, da an dieser Stelle sich einige neue Ziele setzen und sich im Fitnessstudio anmelden möchten. Dies zeigt auch die Abschlussquote im Januar von 92,85%.

4.2 Fluktuationsquote

Um die Fluktuationsquote zu berechnen, wird der durchschnittliche Mitgliederbestand benötigt. Dieser wird errechnet, indem der Mitgliederbestand zu Beginn des Jahres, mit dem Mitgliederbestand zu Ende des Jahres addiert wird. Die Summe daraus wird durch 2 dividiert. In der XXX ist dies folgendermaßen zu übertragen:

(687 + 792) : 2 = 739,5

In absoluten Zahlen beträgt der durchschnittliche Mitgliederbestand somit 740.

15

Im Folgenden werden die Anzahl der Abgänge 2015, 73, mit dem durchschnittlichen Mitgliederbestand dividiert und das Ergebnis mit 100 multipliziert.

(73:740) x 100 = 9,86

In absoluten Zahlen beträgt die Fluktuationsquote der XXX 10%.

Bei einer Senkung der Fluktuationsquote um 5% liegt die Zahl der Abgänge bei 69, statt 73. Dies errechnet sich folgendermaßen:

73/ 100= 0,73*5= 3,65. In absoluten Zahlen beträgt dies eine 4.

Der monatliche Grundbetrag beträgt 50€. Auf ein ganzes Jahr sind das 50*12 = 600€

Wird die Fluktuationsquote um 5% gemindert, sind dies in absoluten Zahlen 4 Kunden weniger. Um abschließend den Mehrumsatz zu berechnen entsteht folgende Rechnung:

4*50= 200€ Mehrumsatz für einen Monat.

200€*12 Monate= 2400€ Mehrumsatz für ein ganzes Jahr.

Daraus ergibt sich bei einer **Fluktuationsquote** um **5%** ein **Mehrumsatz** um **2400€** für ein ganzes Jahr.

5   Literaturverzeichnis

Schlaffke, W. & Plünnecke, A. (2014). *Studienbrief Verkaufsmanagement.* Saarbrücken: Deutsche Hochschule für Prävention und Gesundheitsmanagement.

6   Abbildungs- und Tabellenverzeichnis

6.1   Abbildungsverzeichnis